오라, 거짓 사랑아

오라, 거짓 사랑아

문정희 시집

민음의 시 102

민음사

自序

꽃아, 너도 거짓말을 하는구나
어제 그 모습은 무엇이었지?
사랑한다고 말하던 그 붉은 입술과 향기
오늘은 모두 사라지고 없구나
꽃아, 그래도 또 오너라
거짓 사랑아

2001년 가을
문정희

차례

1 알몸 노래

통행세　13

러브호텔　14

머리 감는 여자　16

키 큰 남자를 보면　18

정물화 속에서　19

유방　20

보라색 여름바지　22

가을 우체국　24

알몸 노래　26

나목을 위하여　27

그 많던 여학생들은 어디로 갔는가　28

몸이 큰 여자　30

2 오라, 거짓 사랑아

술　35

아름다운 곳　36

밤(栗) 이야기　37

버들강아지　38

사과를 먹듯이 39

어떤 선물 40

물개의 집에서 41

평화로운 풍경 42

분수 44

첫눈 온 날 45

겨울 입원 46

가을산 47

토요일 오후 48

민들레 50

목련꽃 그늘 아래서 51

상처를 가진 사람 52

유쾌한 사랑을 위하여 53

부탁 54

축구 55

가을 상처 56

3 콧수염 달린 남자가

할머니와 어머니 59

콧수염 달린 남자가 60

여성 작가의 손에 핀 저승꽃　61

그가 악수를 청해 오면　62

선글라스를 끼고　64

나의 혀　66

레즈비언 테레사　68

전구와 콘돔　70

새와 기숙사　71

오늘밤 나는 쓸 수 있다　72

그리운 그녀　73

가야금, 그분　74

늙은 여자　75

붉은 무덤 얼굴에 달고　76

흙호텔　78

시인의 집　80

4 길 물어보기

길 물어보기　85

우리들의 주말　86

혹　87

한 사내를 만들었다　88

터미널호텔　89

비탈길　90

진짜 시　92

이사　93

동행　94

낙상　96

촛불 한 개　97

거품　98

사진 찍는 남자　100

부끄러운 날　101

바퀴벌레 한 마리도 똑같은 길을 가지 않는다　102

너희들의 이름　104

나의 특강　105

배꼽나라　106

그리운 까마귀　109

내가 찾은 골목　110

지는 꽃을 위하여　111

오빠　112

내가 세상을 안다고 생각할 때　114

1
알몸 노래

통행세

내가 만난 모든 장미에는
가시가 있었다
먹이를 물고 보면 거기에는 또
어김없이 낚싯바늘이 들어 있었다
안락하고 즐거운 나의 집 속에
무덤이 또한 들어 있었다
가족들과 나눠 먹은 음식 속에도
하루하루가 조용히 사라지는
두려운 사약이 섞여 있었다
사랑도 깊이 들어가 보면
짐승이 날뛰고 있었다
가시에 찔리며
낚싯바늘 입에 물고 파득거리며
내가 가는 길
그래도 나는 시 몇 편을
통행세로 바치고 싶다

러브호텔

내 몸 안에 러브호텔이 있다
나는 그 호텔에 자주 드나든다
상대를 묻지 말기를 바란다
수시로 바뀔 수도 있으니까
내 몸 안에 교회가 있다
나는 하루에도 몇 번씩 교회에 들어가 기도한다
가끔 울 때도 있다
내 몸 안에 시인이 있다
늘 시를 쓴다 그래도 마음에 드는 건
아주 드물다
오늘, 강연에서 한 유명 교수가 말했다
최근 이 나라에 가장 많은 것 세 가지가
러브호텔과 교회와 시인이라고
나는 온몸이 후들거렸다
러브호텔과 교회와 시인이 가장 많은 곳은
바로 내 몸 안이었으니까
러브호텔에는 진정한 사랑이 있을까
교회와 시인들 속에 진정한 꿈과 노래가 있을까
그러고 보니 내 몸 안에 러브호텔이 있는 것은
교회가 많고, 시인이 많은 것은

참 쓸쓸한 일이다
오지 않는 사랑을 갈구하며
나는 오늘도 러브호텔로 들어간다

머리 감는 여자

가을이 오기 전
뽀뿔라*로 갈까
돌마다 태양의 얼굴을 새겨놓고
햇살에도 피가 도는 마야의 여자가 되어
검은 머리 길게 땋아내리고
생긴 대로 끝없이 아이를 낳아볼까
풍성한 다산의 여자들이
초록의 밀림 속에서 죄 없이 천년의 대지가 되는
뽀뿔라로 가서
야자잎에 돌을 얹어 둥지 하나 틀고
나도 밤마다 쑥쑥 아이를 배고
해마다 쑥쑥 아이를 낳아야지

검은 하수구를 타고
콘돔과 감별당한 태아들과
들어내 버린 자궁들이 떼지어 떠내려 가는
뒤숭숭한 도시
저마다 불길한 무기를 숨기고 흔들리는
이 거대한 노예선을 떠나
가을이 오기 전

뽀뽈라로 갈까
맨 먼저 말구유에 빗물을 받아
오래오래 머리를 감고
젖은 머리 그대로
천년 푸르른 자연이 될까

---

* 멕시코 메리다 밀림 속의 작은 마을 이름.

키 큰 남자를 보면

키 큰 남자를 보면
가만히 팔 걸고 싶다
어린 날 오빠 팔에 매달리듯
그렇게 매달리고 싶다
나팔꽃이 되어도 좋을까
아니, 바람에 나부끼는
은사시나무에 올라가서
그의 눈썹을 만져보고 싶다
아름다운 벌레처럼 꿈틀거리는
그의 눈썹에
한 개의 잎으로 매달려
푸른 하늘을 조금씩 갉아먹고 싶다
누에처럼 긴 잠 들고 싶다
키 큰 남자를 보면

정물화 속에서

사과가 내게 말을 걸었네
반쯤 깎다 둔 사과가
도르르 껍질을 감은 채
꽃병 속 장미가
갓 구운 빵과
잘 익은 생선이 내게 말을 걸었네
모든 것은 이와 같다고
이제 곧 사라질 거라고
삶은 반쯤 깎다 둔 사과이며
꽃병 속의 장미며 빵이며 생선이라고
당신이 이 여름의 햇살이며
서늘한 가을의 어느 날이라고
지금이 가장 아름다운 순간
여기가 가장 완벽한 구도라고
그리고 그것은
이제 곧 사라질 거라고
사과가 내게 말을 걸었네
정물화 속에서
당신이 지금 여기 있다고

유방

윗옷 모두 벗기운 채
맨살로 차가운 기계를 끌어안는다
찌그러지는 유두 속으로
공포가 독한 에테르 냄새로 파고든다
패잔병처럼 두 팔 들고
맑은 달 속의 흑점을 찾아
유방암 사진을 찍는다
사춘기 때부터 레이스 헝겊 속에
꼭꼭 싸매 놓은 유방
누구에게나 있지만 항상
여자의 것만 문제가 되어
마치 수치스러운 과일이 달린 듯
깊이 숨겨왔던 유방
우리의 어머니가 이를 통해
지혜와 사랑을 입에 넣어주셨듯이
세상의 아이들을 키운 비옥한 대자연의 구릉
다행히 내게도 두 개나 있어 좋았지만
오랜 동안 진정 나의 소유가 아니었다
사랑하는 남자의 것이었고
또 아기의 것이었으니까

하지만 나 지금 윗옷 모두 벗기운 채
맨살로 차가운 기계를 안고 서서
이 유방이 나의 것임을 뼈저리게 느낀다
맑은 달 속의 흑점을 찾아
축 늘어진 슬픈 유방을 촬영하며

보라색 여름바지

여름 다 지나고 선선한 초가을날
바람이 숭숭 들어오는
보라색 여름바지 하나 사 들고 돌아오며
벌써 차가운 후회가 바람처럼 숭숭
뼛속으로 스미어옴을 느낀다

왜 나는 모든 것을 저지른 후에야 아는가
만져보고 난 후에야 뜨겁다고 깨닫는가
늘 화상을 입는가
사람들이 이미 겨울을 준비할 때
여름의 잔해에 가슴을 태우고
사랑을 떠나 보낸 후에야 사랑에 빠져
한 생애를 가슴 치고 사는가

내 키보다 턱없이 긴 바지 단을 줄이며
내 어리석음을 가위로 잘라내며
애써 따스한 입김을 불어넣어 본다

누구나 정해진 궤도를 가는 건 아니지
돌발과 우연이 인생이기도 해

그러나 어느 가을날 하루가
더운 사랑으로 다시 뒤집힐 수 있을까
이 보라색 바지를 위해

무릎 아래까지 흰 별들이 총총 나 있는
보라색 여름바지를 입고 서서
홀로 낙엽 지는 소리를 듣는다
숭숭 기어드는 차가운 바람 소리를 듣는다

가을 우체국

가을 우체국에서 편지를 부치다가
문득 우체부가 되고 싶다고 생각한다
시인보다 때론 우체부가 좋지
많이 걸을 수 있지
재수 좋으면 바닷가도 걸을 수 있어
은빛 자전거의 페달을 밟고 낙엽 위를 달려가
조요로운 오후를 깨우고
돌아오는 길 산자락에 서서
이마에 손을 동그랗게 얹고
지는 해를 한참 바라볼 수 있지

시인은 늘 앉아만 있기 때문에
어쩌면 조금 뚱뚱해지지

가을 우체국에서 파블로 아저씨에게
편지를 부치다가 문득 시인이 아니라
우체부가 되고 싶다고 생각한다
시가 아니라 내가 직접
크고 불룩한 가방을 메고
멀고먼 안달루시아 남쪽

그가 살고 있는
매혹의 마을에 닿고 싶다고 생각한다

알몸 노래
―― 나의 육체의 꿈

추운 겨울날에도
식지 않고 잘 도는 내 피만큼만
내가 따뜻한 사람이었으면
내 살만큼만 내가 부드러운 사람이었으면
내 뼈만큼만 내가 곧고 단단한 사람이었으면
그러면 이제 아름다운 어른으로
저 살아 있는 대지에다 겸허히 돌려드릴 텐데
돌려드리기 전 한번만 꿈에도 그리운
네 피와 살과 뼈와 만나서
지지지 온 땅이 으스러지는
필생의 사랑을 하고 말 텐데

나목을 위하여

남자를 위하여 옷을 입는다고?
아니지
나는 남자를 위하여
옷을 벗은 적은 있지

그러나 감히 급진적이지는 못했어
푸른 입술로 사운거렸지만
뿌리를 한치도 벗어나지 못했으니까

씨방이 생긴 뒤로는
유산이 두려워 하늘 향해
두 팔을 힘껏 내저었지

그런데 이제 와서
이 무슨 뜻하지 않은
해탈이냐? 해방이냐?

가을바람 불자 세상 여자들 일제히
나체로 지상에 뿌리내리고
저 매서운 동토를 향해 도발적으로
대결의 자세를 취하는 것은

그 많던 여학생들은 어디로 갔는가

학창 시절 공부도 잘하고
특별 활동에도 뛰어나던 그녀
여학교를 졸업하고 대학 입시에도 무난히
합격했는데 지금은 어디로 갔는가

감자국을 끓이고 있을까
사골을 넣고 세 시간 동안 가스불 앞에서
더운 김을 쏘이며 감자국을 끓여
퇴근한 남편이 그 감자국을 15분 동안 맛있게
먹어치우는 것을 행복하게 바라보고 있을까
설거지를 끝내고 아이들 숙제를 봐주고 있을까
아니면 아직도 입사 원서를 들고
추운 거리를 헤매고 있을까
당 후보를 뽑는 체육관에서
한복을 입고 리본을 달아주고 있을까
꽃다발 증정을 하고 있을까
다행히 취직해 큰 사무실 한켠에
의자를 두고 친절하게 전화를 받고
가끔 찻잔을 나르겠지
의사 부인 교수 부인 간호원도 됐을 거야

문화 센터에서 노래를 배우고 있을지도 몰라
그리고는 남편이 귀가하기 전
허겁지겁 집으로 돌아갈지도

그 많던 여학생들은 어디로 갔을까
저 높은 빌딩의 숲, 국회의원도 장관도 의사도
교수도 사업가도 회사원도 되지 못하고
개밥의 도토리처럼 이리저리 밀쳐져서
아직도 생것으로 굴러다닐까
크고 넓은 세상에 끼지 못하고
부엌과 안방에 갇혀 있을까
그 많던 여학생들은 어디로 갔는가

몸이 큰 여자

저 넓은 보리밭을 갈아엎어
해마다 튼튼한 보리를 기르고
산돼지 같은 남자와 씨름하듯 사랑을 하여
알토란 아이를 낳아 젖을 물리는
탐스런 여자의 허리 속에 살아 있는 불
저울과 줄자의 눈금이 잴 수 있을까
참기름 비벼 맘껏 입 벌려 상추쌈을 먹는
야성의 핏줄 선명한
뱃가죽 속의 고향 노래를
젖가슴에 뽀얗게 솟아나는 젖샘을
어느 눈금으로 잴 수 있을까

몸은 원래 그 자체의 음악을 가지고 있지*
식사 때마다 밥알을 세고 양상추의 무게를 달고
그리고 규격 줄자 앞에 한 줄로 줄을 서는
도시 여자들의 몸에는 없는
비옥한 밭이랑의
왕성한 산욕(産慾)과 사랑의 노래가

몸을 자신을 태우고 다니는 말로 전락시킨

상인의 술책 속에
짧은 수명의 유행 상품이 된 시대의 미인들이
둔부의 규격과 매끄러운 다리를 채찍질하며
뜻없이 시들어가는 이 거리에
나는 한 마리 산돼지를 방목하고 싶다
몸이 큰 천연 밀림이 되고 싶다

---

* 미국의 심리분석학자 클라리사 P. 에스테스가 한 말.

2
오라, 거짓 사랑아

술

술이 나를 찾아오지 않아
오늘은 내가 그를 찾아간다

술 한번 텄다 하면 석 달 열흘
세상 곡기 다 끊어버리고
술만 술만 마시다가
검불처럼 떠나버린 아버지의 딸
오늘은 술병 속에 살고 있는 광마를 타고
악마의 노래를 훔치러 간다

그러나 네가 내 가슴에 부은 것은
술이 아니라 불이었던가
벌써 나는 활 활 활화산이다
사방에 까맣게 탄 화산재를 보아라
죽어 넘어진 새와 나무들 사이로
몸서리치며 나는 질주한다

어디를 돌아봐도 혼자뿐인 날
절벽 앞에 술잔을 놓고
나는 악마의 입술에다 내 입술을 댄다
으흐흐! 세상이 이토록 쉬울 줄이야

아름다운 곳

봄이라고 해서 사실은
새로 난 것 한 가지도 없다
어딘가 깊고 먼 곳을 다녀온
모두가 낯익은 작년 것들이다

우리가 날마다 작고 슬픈 밥솥에다
쌀을 씻어 헹구고 있는 사이
보아라, 죽어서 땅에 떨어진
저 가느다란 풀잎에
푸르고 생생한 기적이 돌아왔다

창백한 고목나무에도
일제히 눈발 같은 벚꽃들이 피었다

누구의 손이 쓰다듬었을까
어디를 다녀와야 다시 봄이 될까
나도 그곳에 한번 다녀오고 싶다

밤[栗] 이야기

내 어머니는 분명 한쪽 눈이 먼 분이셨다
어릴 적 운동회 날, 실에 매단 밤 따먹기에 나가
알밤은 키 큰 아이들이 모두 따가고
쭉정이 밤 한 톨 겨우 주워온 나를
이것 봐라, 알밤 주워왔다! 고 외치던 어머니는
분명 한쪽 눈이 깊숙이 먼 분이셨다
어머니의 노래는 그 이후에도
30년도 더 넘게 계속되었다
마지막 숨 거두시는 그 순간까지도
예나 지금이나 쭉정이 밤 한 톨
남의 발밑에서 겨우 주워오는
내 손목 치켜세우며
이것 봐라, 내 새끼 알밤 주워왔다! 고
사방에 대고 자랑하셨다

버들강아지

고승을 만나러
높은 산에 가지 마라
절에도 가지 마라
세상에서 가장 낮은 산그늘 아래
새로 눈뜨는 햇살을 들추면
거기 은빛 머리 부드러운
고승들 무더기로 살고 있다
조그만 바위 암자처럼 곁에 두고
얼었던 상처 맑은 물로 풀어 편안한 뿌리
살랑살랑 마음으로 흔들며
솜털이 즐거운 고승들
거기 무더기로 살고 있다

사과를 먹듯이

가령 사과를 먹듯이
시간을 그렇게 먹다 보면
1년 내내 땅이 보호하고
햇살이 길러낸
한 알의 붉은 사과를 먹듯이
그렇게 조금씩 향기를 먹다 보면

그 향기로 사랑을 시작하고
그 빛깔로 사랑을 껴안다 보면
아름다운 자연처럼
푸르게 다시 태어날 수도 있으리

또한 그 힘으로
지상의 우울을 조금씩 치유하고
고즈넉한 웃음들을 만들기도 하리

가령 한 알의 사과를 먹듯이
그렇게 조금씩 향기를 먹다 보면
한 권의 책을 먹다 보면
열다섯 해쯤 그렇게 맛있게 먹다 보면

어떤 선물

여기 죄수복 빛깔의 잠옷을 보냅니다
이 속에 갇혀 글쓰라고
벌써 글 감옥에서 외로워하며
당신이 낳아놓은 따스한 달걀
시 속에 묻어 있는 선연한 핏자국을 그려봅니다
오늘 나의 집은 여전히 불타고 있습니다
긴 고통의 불길이 지난 후라야
큰사람이 된다고 하지만
황금이 된다고 하지만
큰사람이 되어서 무엇을 할 것이며
황금으로 무슨 왕관과 행운의 열쇠를 만들 것인지
나는 잘 모르겠습니다
여기 감옥을 보냅니다
시인의 생일을 축하합니다

물개의 집에서

사랑에 대해서라면
너무 깊이 생각해 버린 것 같다
사랑은 그저 만나는 것이었다
지금 못 만난다면
돌아오는 가을쯤 만나고
그때도 못 만나면 3년 후
그것도 안 되면 죽은 후 어디
강어귀 물개의 집에서라도 만나고
사랑에 대해서라면
너무 주려고만 했던 것 같다
준 것보다 받은 것이 언제나 더 부끄러워
결국 혼자 타오르다 혼자 스러졌었다
사랑은 그저 만나는 것이었다
만나서 뜨겁게 깊어지고 환하게 넓어져서
그 깊이와 그 넓이로
세상도 크게 한번 껴안는 것이었다

평화로운 풍경

대낮에 밖에서 돌아온 한 남자가
넥타이를 반만 푼 채
거실 소파에서 졸고 있다.
침을 조금 흘리며 가랑이를 벌리고.
나와 같은 주걱으로 밥을 퍼서 먹은 지
20년이 넘은 남자
가끔 더운 체온을 나누기도 하지만
여전히 끌려온 맹수처럼
내가 만든 우리 주위를 빙빙 도는 남자
비가 오는 날엔 때로
야성의 습성을 제 새끼들을 향해
으헝으헝 내지를 때도 있지만
어차피 나는 다소 위선으로 살기로 했다.
증류수에는 물고기가 살 수 없듯이
적당히 불순한 것도 좋다. 그래서는 아니지만
나는 숱한 모반으로 저녁밥을 지었다.
그 남자가 조금 후 오후 1시가 되면
어떤 젊은이의 결혼식 주례를 설 것이다.
결혼은 두 남녀가 한 개의 별을 바라보며
걸어가는 것이라고 아름다운 상징을 써서

축복할 것이고
일심동체가 되어가는 과정이라고
점잖게 훈계할 것이다.
한 남자가 대낮에 들어와 넥타이를 반만 푼 채
침을 조금 흘리며 소파에서 졸고 있다.

분수

시청 앞을 지나다가
떨어지는 분수를 본다
힘찬 새들의 깃털
추락하는 별들이 긋는 눈부신 한 획
아, 나도 저런 시를 쓰고 싶다
언제나 내가 먼저 말을 걸었다가
가령 바다라든가 바위 같은
지혜로운 것들이 조금만 말을 걸어와도
몸을 떨며 감격했는데
오늘 시청 앞을 지나다가 허공으로
떨어지는 분수를 본다
자연도 아닌 것이
사람이 만든 것이
무엇을 세우려고 고통하지 않고
맘껏 무너져내리며
나를 장엄하게 일으켜세운다

첫눈 온 날

누구에게 무릎을 꿇어야 하나
반갑고 눈물겨워
하늘 향해 처녀의 손을 바친다
젊은 날 사랑에 넘어져
온몸 뜨거울 적마다
백설기에 촛불 켜고 두 손 비비던
어머니의 기도가 하늘로 올라가
먼 하늘 청남빛 구리종을 쳐서
검은 까마귀 모조리 쫓아내고
사뿐사뿐 노래로 내려오시는가
고맙고 소중해서
무릎 꿇고 사방에 절하고 싶다
색깔옷 모두 벗어버리고
이대로 하얀 천년의
맨살이고 싶다

겨울 입원

무엇을 남기려고 산 것은 아니지만
오랫동안 너무 넓이만을 꿈꾸며 살았었다
처음엔 공부의 넓이를
그리고는 집의 넓이를
신발의 넓이를 꿈꾸었었다
그게 무어 잘못이라는 것은 아니지만
초겨울 스산한 밤
이렇게 병과 함께
낯선 병실에 눕게 된 것은
내 몸이 진실로 넓이가 아니라
깊이에 닿고 싶었던 탓은 아닐까
목숨의 가장 낮은 심연에 정박하여
밤새 뼈들이 부딪치는 소리를 듣는다
처음으로 내가 내 이름을 불러본다

가을산

가을산은 한 척의 보물선이다
어제의 그가 아니다
풀들마저 돌연히 황금으로 둔갑한
가을산 어딘가에
애꾸눈 선장이 숨어 있으리라
열매들은 깜깜한 씨앗 속에다
가장 소중한 것을 숨기었다
흔히 아름다운 산일수록 가파르다고 충고하지만
알맞게 드러누운 시간의 벼랑
황금으로 불타는 난파선을 바라보며
사람들은 저마다 야호! 외친다
키 큰 나무와 기운찬 바위들이 내뿜는
거친 숨결을 따라 산정에 오르며
영롱한 구슬땀을 사리처럼 쏟아낸다
황금을 발로 밟는 가을 산행의
오오, 이런 기막힌 은유라니
한 척의 보물선, 가을산에서
나는 서늘하게 서늘하게 해탈한다

토요일 오후

신촌문고에 가서 책 일곱 권을 사 들고 오니
세상이 온통 내 손안에 있는 것 같다
책 속에 길이 있다지만 길은커녕
백 원짜리 동전 하나 보이지 않는 책을 사 들고 오며
밥 먹지 않아도 괜히 배부르다
김장 담그신 후
항아리를 쓰다듬던 어머니의 뿌듯한 손이 된다
이제 지구는 구석구석 다 시장이 되어 있다
사람들은 모든 것에다 가격표를 붙여놓았다
그리고 가장 가볍게 가장 간단히 쓰고 버리는 것에다
정신없이 돈을 지불한다
그래서 책은 더욱 쓸모없고
보이지 않는 것만 유독 강조하지만
토요일 오후
무겁고 복잡하기만 한 책을 사 들고 오며
세상이 모처럼 아기 숨소리처럼
새근새근 돌아가는 소리를 듣는다
이 뭉클함으로 깨를 볶으며
며칠을 살 궁리를 한다
전기밥솥 스위치를 누르는 것도 잊어버리고

나는 서둘러 차를 끓인다
책상 위 스탠드의 불을 환히 밝힌다

민들레

서초동을 걷다가
보도블럭 속에 끼여 있는
키 작은 민들레를 본다
무작정 상경한 후 아직도 거리에서 서성이는
코 납작한 내 고향 친구
강남 한가운데
불빛 밝은 골목 어귀
밤새우는 벤처 기업들 속으로
겁도 없이 포장마차를 끌고 나와 참새를 굽는
순정 많은 그녀의
옷깃에 매달린 노란 하현달
온 힘을 다해
마지막 흙을 쥐고 있는
오롯하고 뭉클한 손목을 본다

목련꽃 그늘 아래서

저 가문에는
겁없는 처녀들이 많다
봄 되자 하얀 혼례복 일제히 맞춰 입고
나무 끝마다 아슬아슬
비상의 자세를 취하더니
뜻없이 계곡으로 뛰어드는 개구리처럼
첨벙첨벙 결혼으로 뛰어드는
몸무게 다 버리는 여자들을 보라

상처를 가진 사람
—— 오에 겐자부로에게

다리미질하는 아내 곁에서 아직도
잉크로 원고를 쓰는 사람
세계는 그를 노벨상 작가라 부르지만

그를 키운 건 문학이 아니라
장애를 가진 아들이었음을
어젯밤 뉴스에서 보았다

뒤뚱거리는 불구 아들의 손을 잡고
험준한 산봉우리 오르는 동안
장애 아들을 이끄는 아버지의
그 통렬한 힘으로 자신은
저절로 산봉우리에 올라 있었다

사람들은 그것을 문학이라 부르지만
그는 깊은 상처를 가진 적은 있다고
조용히 그것을 보여주고 있었다

유쾌한 사랑을 위하여

대장간에서 만드는 것은
칼이 아니라 불꽃이다
삶은 순전히 불꽃인지도 모르겠다
시가 어렵다고 하지만
가는 곳마다 시인이 있고
세상이 메말랐다고 하는데도
유쾌한 사랑도 의외로 많다
시는 언제나 천 도의 불에 연도된 칼이어야 할까?
사랑도 그렇게 깊은 것일까?
손톱이 빠지도록 파보았지만
나는 한번도 그 수심을 보지 못했다
시 속에는 꽝꽝한 상처뿐이었고
사랑에도 독이 있어
한철 후면 어김없이
까맣게 시든 꽃만 거기 있었다
나도 이제 농담처럼
가볍게 사랑을 보내고 싶다
대장간에서 만드는 것은
칼이 아니라 불꽃이다

부탁

나무여, 너는 땅속으로 가서
푸른 식물로 다시 태어나거라
나도 땅속으로 가서
시인으로 다시 태어날지
영원히 말 안하는 바위가 될지
한 천년쯤 생각해 보리라

축구

언어가 아닌 것을
주고받으면서
이토록 치열할 수 있을까
침묵과 비명만이
극치의 힘이 되는
운동장에 가득히 쓴 눈부신 시 한 편
90분 동안
이 지상에는 오직 발이라는
이상한 동물들이 살고 있음을 보았다

가을 상처

빙초산을 뿌리며 가을이 달려들었다
사람들은 다리를 건너며 저 아래
강이 흐른다고 하지만
흘러서 어디로 갔을까
다리 아랜 언제나 강이 있었다
너를 사랑해! 한여름 폭양 아래 핀
붉은 꽃들처럼 서로 피눈물 흘렸는데
그 사랑 흘러서 어디로 갔을까
사랑은 내 심장 속에 있다가
슬며시 사라졌다
너와 나 사이에 놓인 다리에는
지금 아무것도 없다
상처가 쑤시어 약을 발라주려고 했지만
내 상처에 맞는 약 또한 세상에는 없었다
나의 몸은 가을날 범종처럼 무르익어
바람이 조금만 두드려도 은은한 슬픔을 울었다
빙초산을 뿌리며 가을이 달려들었다
다리 아랜 여전히 강이 있었다

3
콧수염 달린 남자가

할머니와 어머니
──나의 보수주의

김포공항을 떠날 때 등뒤에다
나는 모든 것을 두고 떠나왔다
남편의 사진은 옷장 속에 깊이 숨겨두었고
이제는 바다처럼 넓어져서
바람 소리 들려오는 넉넉한 나이도
기꺼이 주민등록증 속에 끼워두고 왔다
그래서 큰 가방을 들었지만
날듯이 가벼웠다
내가 가진 거라곤 출렁이는 자유
소금처럼 짭짤한 외로움
이거면 시인의 식사로는 풍족하다
사랑하는 데는 안성맞춤이다
그런데 웬일일까
십수 년 전에 벌써 죽은 줄로만 알았던
우리 할머니와 어머니가
감쪽같이 나를 따라와
가슴 깊이 자리 잡고 앉아
사사건건 모든 일에 간섭하고 있다
두 눈 동그랗게 뜨고
조심조심 길 조심 짐승 조심
끝도 없이 성가시게 한다

콧수염 달린 남자가

콧수염 달린 남자가
키스를 하자고 하면
어떻게 할까
구두솔처럼 날카로운 수염이
입술을 뚫고 들어와
갑자기 내 인생을 쓱쓱 문질러준다면
놀랄 일이야
보수주의와 위선으로 무성한
은사시나무를 뿌리째 흔들며
바람 부는 날
그의 눈이 수말의 눈처럼 껌벅거리다가
내 어깨에다 뜨거운 눈물이라도 한 방울 흘린다면
그의 겨드랑이에서 풍겨나는
쉰내가 나의 삶의 코를 틀어막는다면
그렇게 화해에 이르고 말까
언젠가 무주구천동에서 보았던
열녀비처럼 그 자리에 그대로 서 있어버릴까

여성 작가의 손에 핀 저승꽃

저승꽃이 무섭긴 무섭나 보다
엊그제 내 손등에 핀 저승꽃이
폴란드 작가 한나의 손에도
어김없이 두어 송이 피어 있구나
도대체 그 씨앗이 어떻게 생겼길래
태평양 지중해 다 건너서
언제 심은 줄도 모르게
검은 별처럼 사방에 뿌려져 있을까
봄 여름 다 보내고 한겨울
우리나라 남해 어디쯤에 피어난 동백꽃처럼
벼랑 끝에 서 있는 세상 누님들의 손에
저승꽃은 피어나
하루에도 몇 번씩 거울을 보게 한다
만나자마자 서로의 손등 연민으로 부둥켜안고
젊음의 물안개 들여다보며
스멀스멀 다가드는 그림자에 함께 쫓기며

그가 악수를 청해 오면

고백하건대 나는 사람을 만나면 먼저
그의 색깔을 보거나
사투리를 듣거나
옷의 무게만을 재어보고 있음을 알았다
젊은 날 학처럼 목을 뽑고
아니다! 아니다! 이건 아니다!
목 메게 평화와 정의를 외치며
육중한 탱크를 향해 돌팔매를 던진 적도 있건만
고백하건대 나는 사람을 만나면
어느새 색깔과 사투리를 분류하고
그의 옷의 무게만을 재어보았다
그리하여 멀고먼 도시 외로운 끝자락
이제 지표조차 희미해진
어느 산하의 종착지쯤에서 온 그가
맨발에 허름한 옷을 걸치고
동전 한 개를 가지고도 한참을 만지작거리다가
겨우 지불하는 것을 보면
금방 그를 동정해 버리곤 했다
그가 걸어와 악수를 청하면
겉으로만 평화롭게 손을 내밀었다

나는 그의 체온과 눈빛의 깊이를 알지 못했다
그가 걸어온 길섶의 아침꽃들과 정오의 향기를
그리고 슬픈 저녁의 노래를 듣지 못했다
고백하건대

선글라스를 끼고

아무것도 안하고 그냥 있었는데
내게 가을이 왔다. 이 먼 곳까지
저 혼자 찾아왔다.
거칠은 목장에서 낮에는 가축들과 싸우고
밤에는 할 수 없이 시를 쓰던
튼튼한 서부 여자들의 익명 시집 속에서 일어나
거리에 나서니 제멋대로 가을이 나를 따라온다.
시티은행 지붕에는 오늘의 날씨가
섭씨와 화씨로 친절하게 게시되고
빌어먹을, 날씨만 좋으면 뭐하나.
날씨에 알맞는 일도 좀 있어야지.
눈부신 햇살 핑계 대고 선글라스를 꺼내 쓴다.
나는 선글라스를 좋아해. 이걸 쓰면 뭐 같거든.
벤치에 앉아 오리아나 팔라치*의 연애에 빠져 있던
줄리엣도 검은 안경을 불현듯 꺼내 쓰고
나를 따라 나선다. 권총을 숨기고
일 저지를 악당들처럼 씩씩하게
크린튼 거리를 걷는다.
가만히 서 있어도 눈시울에
엷은 소금기 맺혀오는 가을날

서양 계집애와 나는 선글라스를 끼고 걷는다.
필생의 동지처럼 어깨를 부비며.
큰일났다. 여자들에게 가을이 왔다.

---

* Oriana Fallaci: 독재에 맞섰던 이탈리아 출신 여성 저널리스트.

나의 혀

서점 〈초원의 빛〉에 꽂혀 있는
만 권의 책 속에는 오늘 배달되어
생피를 뚝뚝 흘리는 것들도 섞여 있었다
오, 신선한 요리여
그뿐인가?
처녀의 문을 열고 들어가면
갈증의 대지에 소나기 내려
푸릇푸릇 싹들이 돋을 것도 알지만
나는 그 대지의 변방에 앉아 쓴 커피만 마시고 있다
굳게 닫힌 창 안에서 새어나오는 휘황한 불빛처럼
그립고도 낯선 언어
한 숟갈만 입에 넣어도
모래 섞인 밀가루처럼 입천장에 달라붙는
고약한 귀신들이 끝내 나를 밀쳐내어
굴욕과 낭패로 쓴 커피만 마시고 있다
그래 너희는 일찍이 만해와 동주와 미당을 아느냐?
두고 온 나의 별들을 불러보지만
오늘 이역만리 타국의 오만한 만 권의 책들 속의
생피를 뚝뚝 흘리는 날고기를
포크와 나이프로 썰어 먹지 못해

얼굴이 노란 나는
진종일 배가 고프다
산불처럼 번져 지구의 혀를 장악한 잉글리쉬
평화로운 독재자의 혓바닥 속에서

레즈비언 테레사

언덕 위에는 검은 천사가 지키는 묘지가 있었네
지상에서 금지된 사랑 때문에
결국 까만 돌이 되었다는 그녀의 발 아래
바람이 은소금처럼 불고 있었네
죽음이 두려우면 사랑도 두려운 법
안달루시아에서 온 내 친구 테레사는
죽으면 자기도 검은 천사가 될 거라고 예언했네
긴 머리에 검은 안경을 끼고
사랑하는 여자와 함께 사는 테레사는
둘이 함께 자전거 타고 시장에 가고
물 길러 가고 도서관 가고
옥수수밭 한가로운 데서 남의 눈치 안 보고
서로 끌어안았네
시를 쓴다는 것은
자연과 맞서 싸우는 것인지도 모르지
튼튼한 나의 친구 테레사는
밝은 햇살을 검은 안경으로 막고 서서
이 가을에 사방이 꼭 막힌 나의 벽에다
바람 잘 통하는 창 하나 내어주었네
언덕 위 막다른 길에 놓인

〈길 없음〉 표지를 저만치 치워버리고
검은 천사가 지키는 묘지로 올라가서
사랑을 두려워 말라고 가르쳐주었네
목숨을 건 사랑은
모두 다 눈부시다고 말해 주었네

전구와 콘돔

기숙사 로비, 즐비한 자판기들 사이에
거꾸로 세워둔 전구를 보았다
커피와 쿠키와 나란히 팔리고 있는 전구
편리하고 친절도 하시지
밤마다 전구는 잘도 나가니까
사용법도 사뭇 자세하다
〈에이즈 방지를 위해 임신 조절을 위해
당신의 건강을 위해 50센트〉
전구가 아니라 콘돔이었나
아니 전구였나
몸속 깊이 마음 놓고 불을 켜는
100와트 혹은 30볼트

문득 지나가는 남자들이 모두
한 알의 뜨거운 전구로 보이는 오후

러시아 시인에게 당신네 나라 기숙사에서도
전구를 파느냐고 물었더니
아직은……이라고 어깨를 으쓱한다
개명이 덜 된 탓인가

새와 기숙사

기숙사 뒷숲으로 가을이 오고
새들은 가을을 쪼아대며 울었다
세계에서 온 시인들은 모두
새가 노래한다고 즐거워했다
코리아에서 온 나 혼자만
새가 운다고 했다

가을 더 깊어지니
풀숲의 벌레들이 따라 울었다
시인들은 풀들과 벌레들과 새들이
합창을 한다고 야단이었다

저 산에 나뭇잎들 훌훌 옷 벗으면
제각기 세계지도 속으로 떠나
낯선 별이 되어 흩어지리라
짧은 햇살 문득 그려보다가
먼 산 바라보다가
「아, 낙엽 지는구나」 내가 탄식하자
세계의 시인들은 일제히
「오, 드디어 색깔이 바뀌는구나」
마술 보듯 신비하게 가을산을 보았다

오늘밤 나는 쓸 수 있다
—— 네루다 풍으로

사랑, 오늘밤 나는 쓸 수 있다
세상에서 제일 슬픈 구절을
이 나이에 무슨 사랑?
이 나이에 아직도 사랑?
하지만 사랑이 나이를 못 알아보는구나
사랑이 아무것도 못 보는구나
겁도 없이 나를 물어뜯는구나
나는 고개를 끄덕인다
열 손가락에 불붙여
사랑의 눈과 코를 더듬는다
사랑을 갈비처럼 뜯어먹는다
모든 사랑에는 미래가 없다
그래서 숨막히고
그래서 아름답고 슬픈
사랑, 오늘밤 나는 쓸 수 있다
이 세상 모든 사랑은 무죄!

그리운 그녀

예순아홉 살 터키의 여류 작가는
누구보다 발이 빠르다
밤 2시까지 파티를 하고 새벽에는 새로 핀
데이지꽃을 보러 또 산에 오른다
가끔은 넘치는 힘도 독이 되는가
젊은 여자가 입은 옷마다 사러 나가고
한번도 빠지지 않고 여럿 속에 섞여
사진을 찍는 그녀
경험이 많아 아는 것도 많고
돈도 많아 바람도 불씨도 많은 그녀를 보면
그 나이에 그냥 배경에 서서
젊은 우리들에게 박수를 보냈던
엷은 빛깔의 어머니 생각이 난다
공부 많이 못했지만
편하고 따스했던 대지
보일 듯 말듯 쏟아지던 고요가 그리워진다

가야금, 그분

코리아에서 이곳 미국까지
가야금이 오셨다기에 뵈러 갔더니
가야금은 무대 저만치에 누워 계셨다
옥색 두루마기 입은 남자가 무대에 나와
영어도 아닌 한국말 중에서도
가장 느린 남도 사투리로
가야금이 시차 때문에
오늘은 조금 피곤하여
울리지 않는다고 한다
관객들은 그냥 저녁이나 먹으라 한다
놋쇠재떨이 쩡쩡 때리며
대쪽 자존심 세우다 돌아가신
까다로운 삼촌 뵈온 듯
바람맞고 돌아가며
괜히 어깨를 으쓱거린다
어둠 속에 대고 혼자 웃는다

늙은 여자
—— 미행

반바지 입고 통부츠 신고
머플러를 휘날리며
카페에서 라떼를 마시고
새로 생긴 상점에서 조개비누를 사고
돌아오는 길
쇼윈도에 잠시 얼굴을 비춰보는 사이
드디어 꼬리를 잡고 말았다
저 여자, 언제부터인가 나를 미행하는
웬 늙은 여자
이미 한철은 더 가버린 여자
줄기차게 나를 따라다니며
기를 꺾어놓는
낯선 여자의 꼬리를 잡고 말았다
어떻게 저 여자를 따돌려놓고
다시 젊은 내 고향으로 돌아갈 수 있을까
그녀에게 내 노래의 도끼를 쥐여주고
차라리 내 대신
밤마다 슬픈 울음을 허공에 새기는
시인이 되게 할까

붉은 무덤 얼굴에 달고

이곳에 온 후
가을에도 겨울에도 〈메이플라워〉*에 산다
하지만 한번도 오월꽃을 보지 못했다

첫날은 화재경보가 울려
맨발로 벌판으로 쏟아져 나왔고
쏟아져 나온 천 명 중에 유독 나만 물어뜯는
모기떼에 쫓겨 허둥거렸지만
나의 얼굴에는 오월꽃 대신
붉은 무덤들이 솟아올랐다

흑인 백인 다 제치고
내 피가 그토록 달더란 말이냐
싱겁게 화재경보는 그치고 돌아가는 계단에서
나와 똑같은 붉은 무덤을 단
한 동양 여학생을 만났다
코리언이냐고 물었더니 고개를 끄덕인다
「그런데 너는 왜 한국말을 모르느냐」
책망하며 다그치자 그녀는
「나는 입양아다」 차갑게 대답한다

한국에 대해선 아무 기억도 없는 코리언
모기들이 먼저 알아보고
그녀와 나의 피만 빨았던 것인가
흑인 백인 다 제치고
그 가운데 제일로 달디단 피
한국 피만 빨아
언니 동생 이쪽저쪽 건네어주고
똑같이 서럽고 붉은 무덤 만들어준 것인가

* 아이오와 대학의 기숙사 이름.

흙호텔

1

아프리카 엘자 어디쯤에 가면
흙으로 지은 호텔이 있지
시간이 흔적도 없이 사라진 도시
황톳빛 미로를 따라가면
살아 있는 것은 오직 우물과 사람뿐
천년과 만년들이 사방에 널려 있지
소름 끼치게 낯설고 아름다운 중세의 통로가 있지

2

향가게 지나 그릇가게 있고
그 옆 노천 이발소에는 긴 수염 달린 아저씨가
가위 쥔 손을 느리게 움직이는
그 곁에서 흰옷 입은 아이들이
진종일 소리 내어 코란을 읽는
멀리 이정표가 하나쯤 보여도 좋고 안 보여도 좋은
흙호텔에서

무릎 아래 저만치 허물을 벗어놓고
한 사흘만 아니 한 3년만
소멸하거나
불멸하고 싶다
혼자?

시인의 집

폼페이, 네 상처를 보러 왔다
목욕하다 죽은 네 둘째딸의 젖꼭지를 보러 왔다
네 아내의 가슴에서 터져버린 화산을 보러 왔다
가열된 절망 위에 홀로 천년을 꿈틀거리는
아름다운 폐허
새떼처럼 서식하는 시를 만나러 왔다
너는 어디로 사라졌는가
주점과 도서관과 검투사들의 욕망이
인기 관광 상품으로 널려 있는 이 거리에서
왜 나는 자꾸 길을 잃을까
오래 쓰다듬고 나면 상처도
이리 환한 눈을 뜨더냐
그렇다면 시간은 무엇이고 비애는 무엇이냐
드디어 시인의 집 앞에서 발을 멈춘다
대문에 상징으로 개 한 마리 그려놓고
우리의 시인은 영원히 외출중
술에 취해 귀가하는 그를 위해
골목에는 아직도 야광석이 불을 밝히고 있다
그는 어디선가 상처를 팔고 있나 보다
서울에서도 그의 초라한 옷자락을 본 적이 있다

나는 발이 부르트도록 파멸과 재앙을 뒤적인다
싱싱한 비극 위에 살아나는 언어의 혈육을 찾는다
폼페이 시인의 집 앞에서
시인이 돌아오기를 기다린다

4
길 물어보기

길 물어보기

처음의 마음으로 돌아가라 하지만
가는 길 좀 가르쳐주었으면 좋겠다
비어 있는 것이 알차다고 하지만
그런 말 하는 사람일수록 어쩐지 복잡했다
벗은 나무를 예찬하지 말라
풀잎 같은 이름 하나라도
더 달고 싶어 조바심하는
저 신록들을 보아라
잊혀지는 것이 두려워
심지어 산자락 죽은 돌에다
허공을 새겨놓는 시인도 있다
묻노니 처음이란 고향 집 같은 것일까
나는 그곳으로 돌아가는 길을 잃어버렸다
나의 집은 어느 풀잎 속에 있는지
아니면 어느 돌 속에 있는지
갈수록 알 수 없는 일 늘어만 간다.

우리들의 주말

요즘 우리 아저씨들의 주말은
흰 봉투로 시작되어 흰 봉투로 끝납니다
〈축 결혼〉 혹은 〈부의(賻儀)〉 사이를
정신없이 오고 갑니다
한 주일 동안 모진 자동차의 체증에서 살아남아
붓글씨로 새로 쓸 필요도 없이
〈축 결혼〉 혹은 〈부의〉라고 씌인 흰 봉투를
한 묶음씩 사다 놓고
주말이 되면
지난주에 번 돈 중에
얼마를 흰 봉투에 넣고
잠시 머리를 긁습니다 그리고
〈축 결혼〉과 〈부의〉 사이를 뛰어다니며
가장 근엄한 표정으로 숙연하게
인생에 참여하고 옵니다

혹

자궁 혹 떼어낸 게 엊그제인데
이번엔 유방을 째자고 한다
누구는 이 나이 되면 힘도 권위도 생긴다는데
내겐 웬 혹만 생기는 것일까
혹시 젊은 날 옆집 소년에게
몰래 품은 연정이 자라 혹이 된 것일까
가끔 아내 있는 남자들 훔쳐봤던 일
남편의 등뒤에서 숨죽여 칼을 갈며 울었던 일
집만 나서면 어김없이
머리칼 바람에 풀어 헤쳤던 일
그것들이 위험한 혹으로 자란 것일까
하지만 떼내어야 할 것이 혹뿐이라면
나는 얼마나 가벼운가
끼니마다 칭얼대는 저 귀여운 혹들
내가 만든 여우와 토끼들
내친김에 혹 떼듯 떼어버리고
새로 슬며시 시집이나 가볼까
밤새 마음으로 마음을 판다

한 사내를 만들었다

과천 뒷산 작업실에서
조각가 K의 흙으로
한 사내를 만들었다
푸르른 내 시간의 물방앗간에서
고딕체로 쿵 쿵 방아를 찧던 남자
오늘은 흙 묻은 손으로
눈과 어깨와 전신을
꿈틀거리는 입술을
진종일 만지고 주물러
내 앞에 분명하게 세워놓았다
이제 남은 일은
수천 도의 불로 사랑을 깨우는 일뿐
그리고 그를 껴안고
당당하게 내 집으로 데려오는 일뿐이다

터미널호텔

노인에게 시집간 친구가 무슨 일로 짐 싸들고 나온 날
쨍쨍한 여름 햇살을 뒤로하고
그녀 따라 올라간 터미널호텔 2층 로비
음산한 형광등 불빛 아래
청소부 아줌마가 수군거리며
분실물이 보관된
와이셔츠 상자를 들여다보고 있다
날짜와 방 번호를 매달고
생고무줄에 줄줄이 묶여 있는 시계와 반지들
아직도 욕정으로 반뜩이는 가짜 루비 반지에
머리칼도 한 올 얽혀 있다
곰팡이 핀 플라스틱 귀걸이 위로
매독 앓는 달이 떠오르고
그 주위를 철책처럼 에워싼 누런 틀니도 있다
애꾸눈 쓰부다이아 귀걸이에
론진 시계가 헐떡이며 매달려 있다
벌써 변색된 십팔금 목걸이
생고무줄에 줄줄이 묶여 있는 치정들
집 나온 친구의 가방을 들고
터미널호텔 2층 로비
나 또한 쓸쓸한 분실물처럼 서 있었다

비탈길

어린 날, 우리 집으로 와서
나를 업어 키운 옥이
이제는 쉰이 넘은 초로의 언니
오늘 전화선을 타고 울먹이는
그녀 아들의 목소리를 따라 중환자실로 뛰어가니
날더러 이런 흑백사진을 어떻게 보란 말인가
고아원 소년처럼
다카우 수용소의 유태인 여자처럼
머리 깎인 채 뇌 수술로 죽어가는
멀뚱히 두 눈 뜨고 나도 몰라보는
이런 두려운 신의 각본을
어떻게 읽으란 말인가

봉숭아꽃 붉던 뒷담을 돌아
해질녘 언니 등에 업혀 집으로 돌아올 때면
여린 바위처럼 숨쉬던 따스한 등뼈
거기 얼굴을 묻고 함께 듣던
별들의 발자국 소리

여기가 어디냐고

허공에 대고 자꾸 묻는 그녀의 독백에
내 혈맥 속의 빙하가 터져
심해로 심해로 흘러내렸다
그래 여기가 어디일까
뼈마디마다 핏빛 봉숭아꽃 피어나는
이 낯선 비탈길은

진짜 시

시가 시라는 것밖에 모르는 내게
어느 날 진짜 시가 돌연 다가왔다

시어머니 시아버지 시누이들하며 시동생과
시고모와 시댁의 권속들과 식솔들과
장엄한 무덤들까지…… 5대 7대 9대 손의
손의 손손들이……
으시시하고 시큼하고 시시콜콜하게
시큰거리며 시시한 시앗들과
씨앗들의 뿌리의 뿌리가

시가 시라는 것밖에 모르는 내게
어느날 돌연 그 간단한 접두어 하나로
나를 제압해 버렸다

이사

돈 주고 산 물건들이 어느새
살붙이가 되어 나를 바라보고 있다
허심탄회하게 뼈를 드러내고 있다
뒤집어놓고 보니
삶이란 이토록 진부한 것인가
저 허위의 새장 속에서
누추한 모이를 쪼던 새가 진정 파랑새였던가
하지만 그것들을 잘못 다루다간
나까지 절뚝거릴 것 같아
모든 짐에다 정성껏 깁스를 해주었다
귀가 잘려나간 몇 낱의
추억들조차 모두 차에 실었다
시간은 이다지도 길고
시간은 이다지도 짧았다
이제 나를 실을 시간이어서
나는 그녀를 찾아 빈집으로 들어갔다

동행

어디로 나가야 길이 있을까
그가 운전하는 옆자리에 앉아 좌회전
우회전을 하며 한나절을 헤맨다
사방은 지금 공사중
내장을 벌컥 드러낸 채 뒤집혀 있거나
함부로 깎인 수렁뿐이다
건너편 강변도로엔 미끈한 차들이
속력을 다해 달리고 있다
진땀을 흘리며 끙끙거리다
다시 뒷기어를 넣고 곡예를 해본다
지금 내가 잘못 가고 있는 것이
제발 자동차뿐이라면 얼마나 좋을까
울컥 슬픔과 분노가 치솟는다
나는 문을 열고 차에서 뛰어내리고 싶다
오도 가도 못하는 중년 같은
막다른 길을 돌연 벗어나
부시시 날개가 되고 싶다
해는 이미 기울기 시작했지만
어디로든 혼자 걸어가고 싶다
그가 저만치서 미등을 켠다

나의 사랑은 그날 거기에서
그렇게 잠시 길을 잃었다

낙상

홀로의 술잔에 조금 취했던 것도 아니다
투명한 대낮 늘 다니던 골목길에서 뜻도 없이
와르르! 하늘을 한쪽으로 밀치며
화형식 불꽃 속의 허깨비처럼 고꾸라졌다
빨간 피 시멘트에 후두둑 떨어지는데
네, 네에 잘 알겠습니다
오체투지 그대로 땅에 엎어져
눈물나고 평화로워라
온 생애가 일시에 가뿐할 뿐이다
내 몸에 이런 뜨거운 전율이 숨어 있었다니
끝내 빳빳하던 이마
더 이상 낮출 수 없이 겸허히 땅에 대고 보니
온통 아늑한 살결일 줄이야
눈앞에 부서지는 별들을 헤치고 일어나
비로소 사방을 돌아다본다
보아라, 이마에 찍힌 이 싱싱한 불두(佛頭)
나 홀연히 니르바나에 임했노라

촛불 한 개

여자들은 서른 살 때부터
자신의 나이를 감추기 시작한다
사실은 스물아홉 살 때부터
서서히 부끄러워한다
돌 틈새에 끼인
엉겅퀴처럼 미안하게 서른을 산다
마흔이 되는 날, 촛불 한 개를 켜놓고
여성에서 해방되어 비로소 인간이 되는
첫번째 생일을 맞으리라는
친구여
촛불을 불기 전에 생각해 보아라
그대 그날 비로소 인간이 되는 것이 아니라
이제는 심지어 여자조차 아닌
아무짝에 쓸모없는
아줌마가 되는 것뿐이로다
여자 나이 마흔 그리고 쉰
저 푸르고 넉넉한 목초지를
벌써 폐허로 내던져놓고
가죽장화 신은 도적떼들이 지나가고 있다

거품

방안의 스위치를 올렸을 때
나의 노트북 속에
복어 한 마리가 뒹굴고 있음을 알았다
과장과 미화와 허세의 언어들을
부글부글 거품으로 토해 내고 있었다
소스라치게 집 안을 살펴보았다
옷장에도 냉장고에도 거품이 자욱했다
저 남쪽 바다 아이들의 낚싯줄에
복어가 걸려나오면 재수없다고
모래 위에 던져버렸던 독 지느러미가
어떻게 여기까지 쳐들어왔을까
한 점만 먹어도 감쪽같이 죽는다는
치사량의 거품들이
안방과 부엌에서 부글대고 있었다
사람들은 강물과 숲을 점령해 버린
저 검은 폐수와 매연을 걱정하지만
나는 노트북 속에 부글대는
말들의 거품이 더욱 두려웠다
전문 요리사가 잘 요리하면
비로소 최고의 맛, 고기 중의 고기라는 복어

그가 죽음의 거품을 내뿜으며
우리의 덜미를 잡고 있었다

사진 찍는 남자

비행기에 오르자마자 구두를 벗어버리고
플레이보이 양말 신은 발을 열한 시간 동안
내 코앞에다 들이밀던 그 남자를
괴테의 집 앞에서 또 만났다
허리에 손을 얹고 누구보다 먼저
금이빨을 드러내며 독사진을 찍고 있었다
그는 무엇이든 서슴없이 우리 것과 비교하면서
말끝마다 애국심을 토로했다
알뜰하게도 쌍둥이표 칼을 사서 귀국 짐에 넣었고
현지의 롤렉스 시계 값도 슬쩍 알아보았다
선물용 넥타이도 색색으로 포장했다고 한다
저녁에는 안내원을 따라가 한식을 먹은 후
오랜만에 느긋하게 이빨을 쑤시고 나서
어디 누드쇼를 하는 곳은 없나 은근히 알아보았다
내일은 모차르트의 생가를 보러 간다고 했다
괴테의 괴 자도 모차르트의 모 자도 모르는 것 같았지만
단 한번도 깊은 고뇌의 밥알을
씹어본 적도 없는 것 같았지만
얼마 후 응접실 벽에 걸어둘 사진을 위해
그는 우국지사처럼 심각하게 사진을 찍고 있었다
괴테와 모차르트와 나란히 서서

부끄러운 날

시간이 갈수록
더 시퍼렇게 살아나는
이상한 무덤들 앞에서
흐르는 눈물조차 부끄러웠다

이 땅에서 나는 무엇을 하며 살았던가
시 쓰던 손목
잘라버리고 싶었다
망월동, 그 광활한 슬픔 앞에
산 목숨들
몸둘 바를 몰랐다
죽어서도 펄펄 살아 있는 심장을
어떤 언어로도
감히 만질 수 없었다

바퀴벌레 한 마리도 똑같은 길을 가지 않는다

모두가 집단 귀향을 하여 온 도시가
텅 빈 명절날 저녁
불효 자식으로 혼자 남아 TV를 보다 말고
위험한 문구 하나를 써본다
바퀴벌레 한 마리도 똑같은 길을 가지 않는다
한꺼번에 밀려드는 광적 애향심으로
몸살을 앓는 고속도로
출가도 가출도 못한 착한 아들과 딸들이
똑같은 안경을 쓰고 똑같은 선물을 사들고
모천(母川)의 연어들처럼 한꺼번에
고향으로 고향으로 돌아가고 있다
해가 뜨면 앞산과 뒷산에다
시큰한 음식들을 차려놓고
일제히 절을 하리라
이 심각한 명절날
방화범과 광녀와 불효 자식만 남아
뜻밖에 조용한 서울에서
나는 진실로 가고 싶은 고향이 없어
슬픈 실향민
오늘 나의 고독은

진정 사랑을 받지 못해서가 아니라
진정 사랑할 데가 없다는 데 있다

너희들의 이름

홍엽이 짙어가는 가을산 계곡에
사살된 공비들이 널부러져 있다
그들이 북에서 타고 온 잠수함이
방파제 아래
조악한 장난감처럼 떠 있다
TV를 끄고
잠든 아이들의 이불을 덮어주다 말고 문득
수길아 만수야 동철아
이 땅의 어머니가 되어 그 이름들을 불러본다

분명 이 땅의 아들인 너희들을
공비라 부르는 일이 언제부터였던가
잠수함이 나타난 날부터
잠 못 드는 온 나라 어머니들이
강원도 산 계곡에 홍엽이 되어
몇 날째 눈시울을 붉히고 있는 가을밤
계곡보다 깊이 패인 가슴을 쓸어내리며
수길아 만수야 동철아
그 이름들을 불러본다
아무것도 모르고 잠든
어린아이들의 이불을 여며준다

나의 특강

6·25때 사진을 보면
등에 업혀 우는 아이들 속에 내가 있다
4·19 때는 성난 학생들을 바라보다가
우르르 골목으로 도망치는 사람들 속에 내가 있다
5·16을 거쳐 6·3, 6·8, 3선 개헌
10월 유신과
부호로 얼룩지던 60년대 70년대의
무덥고 긴 터널을 지나
이름도 기막힌 광주의 5월을 지나
어두운 골목을 돌고 돌며
몰래 시를 끄적이는 나를 본다
그리고 어느새 운 좋게도
시인도 되고 학위도 따고
오늘은 학생들 앞에 서서
역사의 주역이 되어야 한다고 역설한다
어쨌든 살아남아서

배꼽나라

오늘 아침, 서태지를 몰아낸 우리 집 식탁은 평화롭다. 결국 쓰러진 서태지를 뜯어먹으며 모두가 안심하고 배를 채웠다. 유토피아를 꿈꾸는 위험한 것들은 모조리 죽여야 해. 기억도 희미한 십수 년 전 〈피아노 위의 정사〉를 벌였던 백남준을 풍속사범으로 추방한 나라. 그때 함께 해프닝을 벌인 죄로 젊은 화가는 명동 파출소에서 장발을 잘리고 이 땅을 영원히 떠나 죽기 전까지 파리와 뉴욕의 뒷골목에서 아무거나 주워먹으며 그림을 그렸다. 자기와 같지 않으면 무조건 손가락질하는 나라. 길들여온 것만 받아들이고 조금만 새로운 것이 생겨도 일제히 소방차들을 끌고 나와 물을 뿌리는 나라. 민주주의는 만장일치가 아닌데 만장일치하지 않으면 불안해서 가두고 추방시켜야 시원한 나라. 이런 땅에 무슨 봄이 오고 새로운 꽃이 피랴.

애국심은 팬티와 같아서 누구나 입고 있지만 나 팬티 입었다고 말하지 않는 법. 그러나 민족과 분단을 소리지르며 나 팬티 입었다고 떠벌리는 촌놈들과 기회주의자들과 거짓말쟁이들이 패거리 지어 우물 안에서 제 배꼽을 들여다보며 반목과 헛짓을 되풀이하는 오, 난센스! 슬픈 배꼽이여.

　이 땅이 동방예의지국이라고 하면 희희거리고 좁고 무질서한 배꼽이라고 하면 몰지각의 혐의를 뒤집어씌우는 아직도 유아적인 대접에 만족하는 이 땅에 남은 건 너를 죽이지 않으면 내가 죽는 핏발 선 경쟁뿐. 일회용의 천박한 대중오락뿐. 천부도 실험도 예술도 없다. 다섯 도둑놈을 시로 쓴 시인은 사상범으로 잡아 가두고 성 묘사를 극대화시킨 시인은 풍속범으로 가두고 대학에서도 쫓아내버리고 끝내 윤이상은 고향에 돌아오지 못하고 만리 타국에서 죽어갔는데 백남준을 이제 와선 한국이 낳은 세계적 아티스트라 서슴없이 부르고 정경화 정명훈에겐 카 퍼레이드와 훈장을 걸어주다니 오, 맙소사! 그들이 진실로 한국이 낳은 세계적 아티스트인가. 그들의 국적이 미국이건 독일이건 그들을 키운 것이 무엇이었든 하긴 한국 여자가 낳기는 낳은 것이지. 정박아 장애아 포함해서 1년이면 수천 명의 핏덩이들을 고무 젖꼭지 물려 해외로 송출하듯 그렇게 푸른 싹들 잘라 내던져버렸다가 자라면 내가 낳았다고 자랑하는 평화로운 이 땅의 오늘 아침 돌풍 같은 서태지의 추락을 바라보며 세계화한다고 개혁한다고 즐겁게

낄낄거려보네.
　오, 금수강산, 우리의 배꼽이여.

그리운 까마귀

시간의 육중한 자물쇠를 열고 들어가
우리의 옛사랑 삼족오(三足烏)를 만나고 싶다
말갈기 휘날리며 광야를 달리던
고구려의 해 속에 살던 세 발 달린 새
아침 해와 함께 떠오르고
저녁 해와 함께 지다가
죽으면 무덤까지 따라갔다는
고구려 사람들의 꿈, 아름다운 까마귀여
너로 하여 무덤들은 대낮처럼 밝아
고구려엔 슬프고 어두운 죽음 하나도 없었지

오늘 다시 사뿐히 이 땅으로 날아오너라
산다는 것은 원래 웅혼한 것이라고
이렇게 작고 치졸한 것이 아니라고
증거처럼 푸드득 깃을 쳐보아라
모두가 허리 굽은 빈혈의 시대
너무 빨라 미친 시간의 바퀴를 세우고
네 검고 신성한 깃털을 뽑아
어깨마다 훨훨 매달아보리라

내가 찾은 골목

일찍이 나는 이 땅에 남자로 태어나지 못했네
PK도 TK도 아니었고 물론 MK도 아니었지
KS도 못 되었네
3김과도 만난 적이 없지
8·15 후에 태어나
6·25와 4·19와 5·16을 거쳐
10·26과 5·18에 6·29까지 목격했지
그런데 이게 무엇인가
거품과 안개가 혼미했지만
글로벌 시대, IMF라는 이상한 이름 속에
또한 서 있을 줄 정말 몰랐네
일찍부터 홀로 시인이 되었지만
문협에도 민족작가에도 내 이름이 없었지
나는 오늘 신문을 보고 알았네
내가 그토록 오래 떠돌던 그 골목이
바로 왕따라는 신기한 이름으로 불린다는 것을
골목대장과 어깨들과 패거리를 피해
그냥 홀로 서서 독야청청하고 싶은
그 용기와 축복의 이름이
바로 왕따라는 것을

지는 꽃을 위하여

잘 가거라, 이 가을날
우리에게 더 이상 잃어버릴 게 무어람
아무것도 있고 아무것도 없다
가진 것 다 버리고 집 떠나
고승이 되었다가
고승마저 버린 사람도 있느니
가을꽃 소슬히 땅에 떨어지는
쓸쓸한 사랑쯤은 아무것도 아니다
이른봄 파릇한 새 옷
하루하루 황금옷으로 만들었다가
그조차도 훌훌 벗어버리고
초목들도 해탈을 하는
이 숭고한 가을날
잘 가거라, 나 떠나고
빈 들에 선 너는
그대로 한 그루 고승이구나

오빠

이제부터 세상의 남자들을
모두 오빠라 부르기로 했다.

집안에서 용돈을 제일 많이 쓰고
유산도 고스란히 제 몫으로 차지한
우리 집의 아들들만 오빠가 아니다.

오빠!
이 자지러질 듯 상큼하고 든든한 이름을
이제 모든 남자를 향해
다정히 불러주기로 했다.

오빠라는 말로 한방 먹이면
어느 남자인들 가벼이 무너지지 않으리
꽃이 되지 않으리.

모처럼 물안개 걷혀
길도 하늘도 보이기 시작한
불혹의 기념으로
세상 남자들은

이제 모두 나의 오빠가 되었다.

나를 어지럽히던 그 거칠은 숨소리
으쓱거리며 휘파람을 불러주던 그 헌신을
어찌 오빠라 불러주지 않을 수 있으랴

오빠로 불리워지고 싶어 안달이던
그 마음을
어찌 나물 캐듯 캐내어 주지 않을 수 있으랴

오빠! 이렇게 불러주고 나면
세상엔 모든 짐승이 사라지고
헐떡임이 사라지고

오히려 두둑한 지갑을 송두리째 들고 와
비단구두 사주고 싶어 가슴 설레는
오빠들이 사방에 있음을
나 이제 용케도 알아버렸다.

내가 세상을 안다고 생각할 때

내가 세상을 안다고 생각할 때
얼마나 모르고 있는지
그때 나는 별을 바라본다
별은 그저 멀리서 꿈틀거리는 벌레이거나
아무 의도도 없이 나를 가로막는 돌처럼
나의 운명과는 상관도 없지만
별! 을 나는 좋아한다
별이라고 말하며 흔들린다 아무래도
나는 사물보다 말을 더 좋아하는가 보다
혼자 차를 마시면서도
차를 마시고 싶다는 말을 하고 싶고
여행보다 여행 떠나고 싶다는 말을
정작 연애보다는
사랑한다는 말을 나는 좋아한다
어쩌면 별도 사막일지 몰라
결국 지상에는 없는 불타는 지점
하지만 나는 별을 좋아한다
나의 조국은 별 같은 말들이 모여서 세운
시의 나라
나를 키운 고향은 책인지도 몰라

문정희

동국대 국문과와 동 대학원을 졸업하고 서울여대 대학원에서 문학 박사 학위를 받았다.
1969년 〈월간문학 신인상〉 당선 이후, 〈현대문학상〉과 〈소월시문학상〉을 수상했다.
1995년 미국 아이오와 대학 국제 창작 프로그램에 참가했으며,
현재 동국대 문예창작과 겸임 교수로 재직중이다.
시집 『찔레』, 『아우내의 새』, 『남자를 위하여』를 비롯하여, 한국 대표시인 100인 시선집
『어린 사랑에게』, 시극집 『도미』 등 다수의 저서가 있다.

오라, 거짓 사랑아

1판 1쇄 펴냄 2001년 9월 22일
1판 9쇄 펴냄 2019년 12월 5일

지은이 문정희
발행인 박근섭, 박상준
펴낸곳 (주) 민음사

출판등록 1966. 5. 19. 제16-490호
서울특별시 강남구 도산대로1길 62(신사동)
강남출판문화센터 5층(우편번호 06027)
대표전화 02-515-2000 / 팩시밀리 02-515-2007
www.minumsa.com

ⓒ 문정희, 2001. Printed in Seoul, Korea
ISBN 978-89-374-0695-9 03810